AF498281

RECUEÏL

DES

OUVRAGES

DE

M. DE HAUTE-FEUILLE.

CONTENANT

plusieurs Decouvertes & Inventions nouvelles dans la Physique & dans les Mechaniques.

A PARIS,

Chez Daniel Horthemels, ruë Saint Jacques,
à l'Enseigne du Mecénas.

M. DC. XCII.

AU ROY.

IRE,

Toute l'Antiquité a eû une veneration fin-
guliere pour les Inventeurs des Découvertes na-
turelles. Elle a mis au nombre des Dieux les
hommes qui ont enseigné à labourer, à bastir,
à naviger, & elle n'a mis qu'au rang des Heros les plus vaillans Capitaines. La protection
& les recompenses que Vostre Majesté donne
à ceux qui perfectionnent les Siences & les

Arts, & *l'établissement de cette illustre Aca-*
demie, qui produira une succession continuelle
d'Inventeurs & de Savans, feront connoistre à
la derniere posterité, que LOUIS LE GRAND
a surpassé tous les Heros de l'Antiquité, &
tous ceux dont elle a fait l'Apotheose.

Les plus Savans Philosophes & les plus
habiles Mathematiciens ne meritent que des
louanges mediocres, si par un genereux dessein
d'estre utiles à tous les hommes, ils ne font
des efforts pour étendre les connoissances que les
Anciens nous ont laissées, pour augmenter la
puissance de nos sens, & pour détruire l'Erreur
& l'Ignorance.

Vostre Majesté, qui est le plus parfait mo-
dele sur lequel on puisse se regler, ne s'est pas
contentée de jouir des glorieux avantages de
la Royauté, elle a étendu les bornes de son
Empire, elle l'a augmenté en richesses, & elle
a détruit l'Heresie, les vices & les desordres
qui s'estoient glissez parmy ses peuples.

La Physique & les Mechaniques qui four-
nissent les sujets les plus utiles & les plus dignes
de nostre curiosité, meritent beaucoup mieux
nos applications que les autres siences. Vostre
Majesté verra dans ce Recueil les mediocres
découvertes que j'ay faites; il est tres-difficile
& tres-rare d'en faire de grandes, chaque siecle
n'en produit qu'une. J'en ay encore imaginé quelques autres, mais je ne puis les donner au
public sans en avoir reiteré les experiences en
grand. J'espere que j'auray l'honneur de les of-
frir à Vostre Majesté, & qu'elle agréera ces
foibles marques de mon zele, & du profond
respect avec lequel je suis,

    SIRE,

       DE VOSTRE MAJESTE'

         Le tres-humble & tres-obeïs-
         sant serviteur & sujet,
         DE HAUTE-FEUILLE.

TABLE

des Traitez contenus dans ce Recueil.

EXplication de l'Effet des Trompettes parlantes.

Factum touchant les Pendules de poche.

Pendule perpetuelle avec un nouveau balancier, & la maniere d'élever l'eau par le moyen de la poudre à canon, &c.

Description d'une nouvelle Lunette, &c. & d'un Niveau tres-sensible.

L'Art de respirer sous l'eau, & le moyen d'entretenir la flamme enfermée dans un petit lieu.

Reflexions sur quelques Machines à élever les eaux avec la Description d'une Nouvelle Pompe, & le moyen de faire des jets d'eau sans avoir besoin de Reservoirs élevez.

Invention nouvelle pour se servir des plus longues Lunettes d'approche sans l'embarras des tuyaux.

EXPLICATION
DE L'EFFET
DES TROMPETTES
PARLANTES.

Où l'on voit qu'elle est leur Proportion, leur Figure, leur Matiere, leur Sphere d'activité, les Experiences qui en ont été faites, & quelques Trompettes de nouvelle Invention

Par Mr DE HAUTE-FEUILLE.

A PARIS,

M. DC. LXXIV.

AVEC PERMISSION.

EXPLICATION
DE L'EFFET
DES TROMPETTES
PARLANTES.

O N sçait assez que les Découvertes & les Inventions qui servent à augmenter la puissance de nos Sens, sont les plus utiles de toutes celles que nous puissions désirer; celuy de la Vuë, qui est le plus universel & le plus noble de tous, a été tellement perfectionné, qu'il est bien dificile, pour ne pas dire impossible, de le porter à un plus haut degré, que celuy auquel il est à present; & il seroit à souhaiter, pour le profit de tous les hommes, que les autres Sens eussent la même perfection : mais comme les Inventions les plus utiles & les plus admirables ne se trouvent ordinairement que par hazard, & ne se perfectionnent qu'avec le tems, par l'aplication que les Savans y aportent, il semble aussi, que le même hazard ait fait découvrir la Trompette parlante, que l'on nous a envoyé d'Angleterre, qui aura du moins cet avantage qu'elle invitera les Savans à la perfectionner, à cultiver le Sens de l'Ouye, & à méditer sur les Sons qui ont esté jusques à présent fort inconnus.

L'Invention de cette Trompette me parut d'abord si belle & si surprenante que j'osay presque douter du fait, j'aurois bien souhaité, en faire faire de Cuivre ou de Fer blanc, pour m'en rendre certain, mais la difficulté de trouver des Ouvriers qui pussent luy donner la Figure que je pensois estre necessaire, m'en empescha : toutefois ma Curiosité naturelle & la forte passion que j'ay pour toutes les nouvelles Découvertes ne me permit pas de differer plus long-tems, & ne voulant simplement que m'assurer du fait, je crus qu'elle devoit paroître dans une Trompette de Carton aussi-bien que de toute autre matiere.

J'en fis donc une de sept à huit pieds de long, & de douze à treize pouces de grand Diametre; à peine fut-elle achevée, que parlant dedans,

A

j'entendis une groſſe voix pleine & agréable; mais étant tout ſeul, je ne pouvois experimenter ſon étenduë & juſqu'à quelle diſtance elle portoit, les Ecôs que je faiſois retentir, me ſervirent en cette occaſion; car parlant dans cette Trompette de mon Ton de voix ordinaire, j'en faiſois répondre pluſieurs, où à peine un ſeul pouvoit-il ſe faire entendre ſans cet Inſtrument, quoique je criaſſe à gorge déployée : J'eus beaucoup de plaiſir d'oüir ces Ecôs, qui me répondoient diverſement ſelon la force, la viteſſe des paroles, l'éloignement & le côté duquel je parlois, & ils me connerent occaſion de faire pluſieurs Experiences tres-curieuſes, que je n'écris point, pour ne les avoir pas faites avec aſſez d'éxactitude.

Peu de tems aprés, la Trompette de Monſieur Denis parut, Monſieur l'Abbé Gallois en fit faire une de ſon Invention, compoſée de quatre Trompettes jointes enſemble qui n'ont qu'un Pavillon, & qu'un Embouchoir commun. Monſieur Dalancé en fit faire pluſieurs, & entr'autres celle qu'on appelle d'Alexandre, qui ſe diviſe à quelque diſtance de l'Embouchoir, & ſe vient rejoindre vers le Pavillon; pluſieurs particuliers en firent faire quantité d'autres de diférentes longueurs & de diférentes largeurs. On en fit même venir d'Angleterre, & enfin on fut pleinement convaincu de leur effet : Il ne fut plus queſtion que de l'expliquer, d'en chercher les raiſons & de l'augmenter, s'il étoit poſſible; car on ne le trouvoit pas ſi grand que les Anglois l'avoient écrit dans leur Journal.

Les Savans s'y ſont apliquez, & pluſieurs en ont donné des raiſons: mais on peut dire que chacune en particulier n'eſt pas ſuffiſante. Le Chevalier Morland Inventeur de cette Trompette, dit que la voix qui ſort de la bouche de celuy qui parle, s'écartant à la ronde, frappe la ſurface interieure de la Trompette, & que toutes ſes parties ſe réfléchiſſant dans un certain endroit y deviennent beaucoup plus fortes, & que derechef elles s'écartent & ſe réfléchiſſent pluſieurs fois de ſuite par quantité de cercles qu'il imagine; & comme ces cercles vont toujours croiſſans, ils rendent la voix beaucoup plus capable de s'étendre. Il apuye ſa penſée par une Experience qu'il a fait, en prenant une bande de bois aſſez large, à laquelle il a donné à peu prés la Figure de la Trompette, & la mettant dans un vaiſſeau, où il y avoit du Mercure, & frappant fortement par le bout avec un bâton, il dit avoir veu quantité de cercles ſe former ſur la ſurface de cette liqueur.

Cette Explication ne paroîtra pas extrémement juſte à ceux qui l'examineront de prés; mais pour faire appercevoir avec les yeux mêmes que toutes ces réflexions & concentrations de la voix qu'il pretend, ne ſe font point; il faut faire ſoi même l'experience qu'il a fait, avec du Vif-Argent ou d'autres liquides, il y a feulement à obferver qu'au lieu de frapper avec un bâton par le bout, il faudra laiffer tomber quelque corps dans la liqueur, on verra la percuffion & la maniere dont elle fe fait; que s'il a veu quantité de cercles fe former fur la furface du Vif-Argent, c'eft que le coup qu'il a donné, a fait le même effet, que s'il avoit jetté en même tems dans la liqueur plufieurs corps éloignez les uns des autres. Quand bien même, par quelque moyen que ce fût, la premiere percuffion feroit réunir le mouvement dans un centre, il ne s'enfuivroit pas, qu'il dût eftre plus violent par la feconde, & la comparaifon qu'il apporte de la réflexion de la lumiere dans les Miroirs concaves ne convient nullement. Ceux qui examineront tant foit peu les Encyclies ou cercles de l'eau en feront entierement convaincus. Il y a plufieurs autres raifons qui prouvent la nullité de cette opinion, dont je ne parleray point, pour n'eftre pas trop long.

Monfieur Caffegrain dit, dans les Memoires de Monfieur Denis, que fi on fait les Trompettes felon les Sections du Monocorde ou Canon harmonique, & principalement fuivant les Octaves qui font des raifons doubles les unes des autres, elles doubleront la voix à chaque Octave, & qu'il croit que leur groffeur groffit la voix, & leur longueur la fortifie; mais il ne le prouve point, & ainfi c'eft plutoft une Proportion de la figure de la Trompette, qu'une explication de fon effet, c'eft pourquoy je n'en diray rien davantage.

Quelques Savans l'expliquent en cette maniere : Concevez, difent-ils, un homme qui parle dans le milieu de l'air, on entendra fa voix à la ronde jufques à une certaine diftance. Retranchez la partie qui eft fous fes pieds, il eft certain qu'on l'entendra bien plus loin, puifque le mouvement qu'il communiquoit à toute cette Sphere d'air, ne s'aplique plus aux parties inferieures, & fi on ofte celuy qui eft fur fa tefte, & celuy qui eft derriere, il eft vifible qu'on l'entendra beaucoup plus loin du côté que l'air luy fera libre; enfin fi on ofte la communication de l'air qui eft à droit & à gauche, il eft conftant que la voix fe portera à une diftance beaucoup plus grande devant luy, & cecy n'eft autre chofe que la Trompette avec laquelle on retranche tout l'air d'alentour, & on ne laiffe que celuy qui eft devant, ce qui fait que lors qu'un homme parle dedans, on l'entend de fi loin; ajoûtez que tous les lieux qui font creux & concaves rénforcent la voix, parce qu'ils confervent davantage le mouvement de l'air, & que la voix eft toujours plus forte dans fa ligne vocale; & cela eft fi connu chez les Prédicateurs qui ont peu de voix, qu'ils ne manquent pas de faire couvrir leurs Chairts, afin que la voix foit plus referrée, & qu'elle fe puiffe mieux réfléchir fur leurs auditeurs. C'eft d'où vient auffi qu'on entend parler un homme d'une plus grande diftance dans une longue galerie, dans les cavernes, voutes & arcades des Ponts, que dans un lieu ouvert de tous coftez.

Quoique tout ce qui eft dit dans cette Explication foit vray, il eft facile de voir que ce n'eft point la veritable explication des Trompettes & de leur effet, puifqu'il s'enfuivroit, que plus leurs grands Diametres feroient petits, & plus la voix s'étendroit, ce qui eft manifeftement contre l'experience, joint qu'elle n'explique pas comment la voix groffit & pourquoy les Sons des Montres n'y font point groffis.

Pour donner maintenant une connoiffance entiere de l'effet de ces Inftrumens, & où il n'y eut rien à defirer, il faudroit raporter ce qui conftituë la veritable nature du Son, & particulierement de la Voix, expliquer tous les mouvemens de la langue, des nerfs & des mufcles; & de toutes les autres parties qui fervent à fa formation; faire apercevoir comment fe forment les Voyelles, les Confones & les Syllabes, & mille autres chofes qui en dépendent, mais comme cela feroit trop long & prefque impoffible, je les fupoferay pour connuës.

Je veux feulement que l'on penfe que la Voix fe forme de la même maniere que le Son dans une Anche d'Orgue ou de Mufette, ce qui fe fait par les petites fecouffes de l'air, lorfqu'il eft obligé de paffer au travers, & qu'il imprime ce même mouvement à l'air qui eft enfermé dans un Tuyau attaché au bout de cette Anche, en telle forte que la modification du Son fe fait à l'extremité de ce Tuyau; car il eft certain, que fi on l'alonge, fans changer autre chofe, le Son changera, & d'aigu qu'il eftoit, il deviendra grave, parce que l'air contenu dans ce Tuyau refifte à celuy qui entre par l'Anche & par confequent eft chaffé plus lentement.

Il en eft de même fi on change feulement fa largeur, mais de déterminer les proportions de l'aigu & du grave, il n'eft pas neceffaire; il y a feulement à remarquer, que la largeur n'augmente pas la gravité du Son, à proportion de la longueur, comme on experimente aux Tuyaux d'Orgues qui ne peuvent eftre affez élargis pour l'Octave, quoiqu'ils foient fix ou fept fois plus larges, fi on ne les allonge en même tems. Car l'experience enfeigne que de plufieurs Tuyaux de même hauteur, celuy qui eft deux fois plus large ne defcend que d'un Ton plus bas, & s'il l'eft quatre fois plus, il defcend feulement d'une Tierce majeure. C'eft auffi une chofe tres-affûrée qu'un Tuyau Cylindrique d'un pied de long, quatre ou huit fois plus large, & qui contient davantage d'air, a le Son beaucoup plus aigu, que le Cylindre de deux pieds de long, si l'on en croit les experiences du P. Mersenne.

Mais sans m'amuser aux Tons graves & aigus qui paroissent peu ou point dans la Trompette, j'expliqueray seulement la grosseur de la voix, & la force qu'elle a de s'étendre.

PROPOSITION.

Si un Tuyau est plus large par un bout que par l'autre, une Anche y estant ajoûtée, ou un homme parlant dedans, le Son ou la Voix se formera à l'autre bout, de la même maniere que si le Tuyau estoit par tout égal à l'extremité par laquelle la Voix sort.

JE tâcheray en premier lieu de faire voir, que ce que j'avance arrive dans les Tuyaux d'Orgues que l'on appelle Cromornes, de Trompettes & autres qui se servent d'Anches, & ensuite j'en feray l'aplication aux Trompettes Parlantes.

Si l'on m'acorde que le Son d'un Tuyau à Anche n'est, comme j'ay dit, qu'un certain mouvement de l'air contenu dans ce Tuyau, & que la modification du Son se fasse à l'extremité de ce Tuyau, dont il semble qu'on ne puisse pas douter, Descartes & les plus habiles estant dans ce sentiment; il sera facile d'être convaincu de la proposition que j'avance, puis qu'il est certain que l'air qui est à la plus grande extremité d'un Tuyau fait en Cône, est frapé, poussé & agité de la même force & de la même maniere, que l'est celuy d'un autre Tuyau Cylindrique, dont la base est égale à celle du Cône.

Il sera un peu difficile de prouver clairement cette proposition, & il ne faut point s'étonner si plusieurs n'en seront pas d'abord convaincus, puisque quelques Savans ont eu peine à se persuader d'un effet semblable, quoique beaucoup plus visible & plus convaincant, & dans une matiere plus grossiere que n'est pas l'air, dont nous n'apercevons qu'avec peine le mouvement, & que nous pouvons simplement conjecturer, par ce que nous voyons arriver dans les autres liquides.

C'est cette celebre Experience de Monsieur Pascal qui a étonné tout le monde, & qui a fait même douter les Savans, si il l'avoit mise en execution, & toutes celles dont il parle dans l'Equilibre des Liqueurs; je l'explique en peu de mots.

PROPOSITION.

Si un Tuyau plus gros vers une extremité que vers l'autre, est
perpendiculaire à l'Horiſon, la liqueur peſante qu'il con-
tiendra, n'aura ny plus ny moins de force, pour ſortir par
l'ouverture d'embas, que ſi la groſſeur eſtoit par tout égale à
celle qu'il a par le bas

CEtte propoſition peut être conſiderée en deux manieres, & un cha-
cun eſt perſuadé, que ſi un vaiſſeau Conique à l'ouverture la plus
grande en haut, la liqueur ne peſe à la plus petite ouverture que de la
peſanteur de la colomne égale par tout à l'ouverture d'embas, c'eſt pourquoy je n'en diray rien davantage ; je m'eſtendray un peu ſur la ſeconde qu'on a plus de peine à imaginer, & qui n'eſt cependant pas moins
veritable, qui eſt que, ſi un Tuyau perpendiculaire à l'Horiſon plus gros
vers le bas que vers le haut eſt remply d'une liqueur peſante, la force
avec laquelle elle tendra à ſortir par l'ouverture d'embas, ſera égale à
celle qu'elle auroit, ſi le Tuyau étoit par tout auſſi gros qu'il eſt par
le bas.

Les conſequences que l'on tire de cette propoſition ſont aſſez ſurpre-
nantes, dont celle-cy eſt tout à fait admirable ; Si un tonneau plein
d'eau eſtoit debout ſur l'un de ſes fonds, en apliquant à un trou fait au
fond de deſſus, un Tuyau qui ait pluſieurs fois la hauteur du tonneau,
& qui ſoit ſi menu que peu de goutes d'eau ſuffiſent pour le remplir,
cette petite quantité d'eau ſera cauſe que le fond d'embas ſera d'autant
de fois plus chargé qu'il l'étoit auparavant ; ainſi, ſi ce tonneau eſt un
muid qui contienne cinq cens ſoixante livres d'eau, en apliquant à un
trou fait à ce fond de deſſus, un Tuyau qui ait cent fois la hauteur
du muid, & qui ſoit ſi menu qu'une livre d'eau ſuffiſe à le remplir,
cette livre agiſſant conjointement avec les cinq cens ſoixante autres,
ſera cauſe que le fond de deſſous ſera déformais chargé d'une peſanteur
de 56560. livres. Car l'aſſemblage du Tuyau & du muid ne different
en rien d'un Tuyau, dont la groſſeur d'embas ſurpaſſe de beaucoup la
groſſeur d'enhaut.

On a fait cette Experience depuis quelque tems à l'Academie Roïale
des Sciences chez Monſieur Daleñcé, excepté neanmoins que le petit
Tuyau n'avoit que dix pieds de hauteur, on aperceut viſiblement les
fonds de deſſus & de deſſous ſe jetter en dehors, quoiqu'on euſt mis ſur

celuy

celuy de deſſus une quantité de poids tres conſiderable; Il y eut quelques perſonnes qui doutérent, que le fond de ce vaiſſeau fut autant chargé, que l'auroit été celuy d'un autre muid Cylindrique, de pareille hauteur que le Tuyau avec lequel on faiſoit l'experience; ils avoüoient bien
que le fond d'embas eſtoit plus chargé, mais qu'il le fut préciſement
d'une colomne égale par tout au fond d'embas, c'eſt ce dont ils ne de-
meuroient point d'accord.

Mais ſans groſſir ce diſcours de toutes les Démonſtrations qu'en ont
donné Meſſieurs Paſcal & Rohault, je diray ſeulement, que ſi le fond
de ce même tonneau eſt ſupoſé plein de trous dans toutes ſes parties,
tous égaux au Diametre du petit Tuyau, & bouchez par les doigts
de pluſieurs hommes, on ne doute point que celuy qui eſt directe-
ment ſous le petit Tuyau ne ſentît la peſanteur de la colomne toute
entiere. Mais on demeurera auſſi d'acord, que chaque doigt pris en
particulier, porte pareillement la peſanteur d'une colomne, à cauſe de
la liquidité de l'eau, & que ſes parties n'ont aucune liaiſon ny aucune dépendance les unes des autres, toutes leſquelles colomnes jointes enſembles, équivalent à une qui ſeroit par tout égale au Diametre
du muid.

Il y aura peut-être des perſonnes qui auront encore peine à être
perſuadez de cette belle experience, & afin qu'ils en croyent à leurs
yeux, je leur aprendray le moyen de la faire d'une maniere aſſez ſuc-
cinte & ſans beaucoup d'embaras. Il faut prendre une Seringue ordinaire, dont le piſton entre dedans avec un peu de violence, & on l'enfon-
cera juſqu'au fond, à un pouce ou deux prés; puis l'ayant fermement
apliquée à un mur, on ajoûtera dans l'endroit où l'on met le canon, un
Tuyau de verre ou de fer blanc, dont le Diametre ſoit fort petit, & de
telle hauteur que l'on voudra.

On attachera enſuite au piſton un vaiſſeau, dans lequel on verſera de l'eau juſqu'à ce que par la trop grande peſanteur, il ſoit con-
traint de baiſſer, & auſſi-tôt qu'on s'en apercevra, on oſtera ce vaiſſeau
& on verſera l'eau dans le petit Tuyau, dans lequel on n'en aura pas
mis la dixiéme partie, qu'on verra le piſton deſcendre avec impetuo-
ſité, & ſi on met la main deſſous on ſentira la peſanteur.

Nonobſtant les Démonſtrations de Meſſieurs Paſcal & Rohault, il
a fallu recourir à l'experience, pour convaincre quelques Savans de la
propoſition que je viens d'avancer, & pluſieurs n'auroient pas man-
qué de la traiter de fauſſe & d'imaginaire, ſi on avoit été dans l'im-

puiſſance de l'executer. Il s'en eſt même trouvé qui ont pretendu avoir donné des Démonſtrations du contraire. J'aprehende dans cette penſée, de ne pas aſſez bien perſuader, vû le peu de connoiſſance que nous avons des Sons, & qu'il eſt impoſſible de faire apercevoir le mouvement de l'air, aſſez mal-aiſé de l'imaginer à cëux qui ne l'ont aucunement medité, & qu'il eſt tres-difficile d'exprimer ſes penſées ſur ce ſujet. J'eſpere neanmoins qu'aprés quelques réflexions les Savans, qui ſont ceux pour qui j'écris, trouveront mes ſentimens vrai-ſemblables, & aſſez conformes à la raiſon.

APPLICATION
de l'Experience précedente.

LE Son qui ſe fait dans les Tuyaux Coniques à Anches, n'étant que de l'air pouſſé par le petit bout vers le plus grand, ſi l'on conçoit une ſurface ſolide apliquée à la plus grande extremité, il eſt prouvé qu'elle ſera pouſſée avec une force égale à celle qu'auroit une autre pareille force, qui ſoufleroit dans un autre Tuyau Cylindrique, dont la baſe ſeroit égale à celle du Tuyau Conique : mais ſans imaginer une ſuperficie ſolide à l'extremité, on peut concevoir que le mouvement imprimé à l'air qui eſt vers le petit bout, eſt communiqué à tout l'air qui eſt renfermé dans ce Tuyau, en telle ſorte, que ſi la grande ouverture eſt decuple de ſa petite, & que la partie d'air qui occupe le milieu du petit bout ſoit pouſſée, il y aura dix fois davantage d'air ébranlé dans le milieu de la grande ouverture, avant que les autres parties d'air voiſines ayent commencé à ſe mouvoir; & y ayant une plus grande quantité d'air ébranlée avec la même viteſſe, il s'enſuit que le Son doit être plus grand, comme l'a tres bien remarqué Monſieur Perrault dans les Notes du nouveau Vitruve François.

En effet, on experimente en toutes ſortes d'Inſtrumens à Anches, qu'ils éclatent davantage, à proportion que leurs pattes ſont plus ouvertes, & qu'ils font des Sons d'autant plus doux & plus foibles, qu'ils ſe retreciſſent davantage; comme il arrive dans le Baſſon, le Haubois & les Cornets qui ont leur canal en Cône, ce qui rend leur Son plus violent que ceux des autres Inſtrumens qui ſont percez d'une même groſſeur, depuis le commencement juſqu'à la fin. Ce n'eſt pas qu'il n'y ait quelque proportion à garder, car on pourroit faire le Tuyau ſi petit, & une des ouvertures ſi large, qu'il ne feroit pas l'effet prétendu : la raiſon en eſt viſible, en ce que l'air pouſſé par l'Anche, n'ébranleroit pas toutes les parties de celuy qui eſt contenu dans le Tuyau, & principalement celuy qui eſt à la grande extremité qu'il eſt neceſſaire d'ébranler pour produire ce grand Son; il n'en eſt pas de même de l'eau qui peſe dans tous les endroits, quelque large que ſoit la baſe du Tuyau, à cauſe qu'elle eſt renfermée, & que toutes les parties ſont pouſſées également & en même tems: Mais dans ces Tuyaux pneumatiques le premier air devant pouſſer celuy qui luy eſt proche, plus il le frapera de coſté, & moins celuy qui eſt beaucoup éloigné de la perpendiculaire ſera ébranlé. C'eſt pourquoy laiſſant le même grand Diametre, plus on alongera le Tuyau, plus on fera que les parties de l'air ſe pouſſeront plus facilement les unes & les autres, & feront l'effet que l'on ſouhaite, qui eſt d'ébranler toutes les parties de l'air contenuës dans ce Tuyau.

Il n'eſt pas beſoin de déterminer quelle eſt la proportion de la longueur à la largeur, elle n'eſt point ſi préciſe qu'on s'en doive mettre en peine, comme on l'experimente dans les Tuyaux d'Orgues, où une même Anche ſert à pluſieurs Tuyaux de differentes longueurs & de differentes largeurs.

Au reſte il me ſemble, que ſi l'on a bien conçeu ce que j'ay dit du Son qui ſe fait dans les Tuyaux à Anches de figure Conique, on n'aura pas de peine à concevoir l'effet des Trompettes parlantes, qui ne ſont autre choſe que des Tuyaux Coniques, dont le Larinx & quelques autres parties de la Langue font l'office d'Anches. Car pour ce qui eſt de l'articulation & de la prononciation des Voyelles & des Conſonnes, on ſçait que ce n'eſt que l'air du dedans de la bouche qui eſt battu d'une certaine façon par celuy qui ſort des poumons, & il eſt prouvé, que parlant dans une Trompette, l'air qui eſt contenu au dedans, doit agiter l'air exterieur, de la même maniere que celuy qui eſt proche la bouche, ce qui forme les paroles & les ſyllabes.

Il faut particulierement remarquer, que la Voix ne ſe forme point au ſortir de la bouche, mais ſeulement à la ſortie de la Trompette, & que ce n'eſt que la colliſion de l'air qui eſt à ſon extremité, avec celuy qui eſt au dehors, de telle maniere que l'air qui eſt dans le Pavillon de la Trompette a le même mouvement & la même agitation que celuy qui eſt dans la bouche, mais eſtant en plus grande quantité, c'eſt ce qui groſſit la Voix & la fait entendre plus loin dans la proportion que nous dirons tantôt.

On conclûra de tout ce que je viens d'avancer, que la bonté des Trompettes parlantes ne conſiſte que dans leurs grands Diametres, & non dans leur longueur, qui eſt toujours nuiſible lors qu'elle excede.

On apercevra pareillement, que plus elles ſeront larges, plus elles devront être longues.

Que la meilleure Figure qu'on leur puiſſe donner, eſt celle du Cône & de toutes ſortes de Pyramides, & que les plis ou contours y ſont indifferens.

Que toutes ces Figures réuniſſantes, Paraboliques, Hyperboliques, Elliptiques & autres, faites des Sections de Cône, que quelques Savans croyent être les meilleures, ne ſont qu'imaginaires & ſans fondement.

Pour en être perſuadé, il eſt neceſſaire de bien examiner & de ne pas confondre les differens Sons, car les uns ſont faits par des Cordes à boyau, comme dans les Inſtrumens qui en ſont montez; les autres par la Percuſſion, comme dans les Cloches, Tambours, &c. & les autres par le vent, comme dans les Inſtrumens pneumatiques. Il y a même de la difference dans ces derniers, car ceux qui ſe font par le coupement de l'air, auſſi bien que tous les autres Sons de Cordes & de Percuſſion, ne ſont point groſſis dans les Trompettes parlantes, il n'y a que ceux qui ſe font par le moyen des Anches, parce que ces Sons ſe produiſent par un pouſſement d'air total, ou d'une grande maſſe d'air.

Soit, que l'on ſuive l'opinion de Gaſſendi, qui veut que le Son ſoit un amas de petits corpuſcules d'une certaine figure, leſquels ſont tranſportez avec une rapidité tres-grande depuis le corps ſonnant juſqu'à l'Oreille, ſoit que l'on adhere à Deſcartes, qui, plus vray-ſemblablement penſe que ce n'eſt qu'un certain mouvement de l'air; ou ſoit enfin que l'on embraſſe quelque autre ſentiment, il n'eſt pas poſſible d'expliquer l'effet de ces Inſtrumens, en ſupoſant que ces figures faites par ces lignes courbes ſoient les meilleures de toutes, parce qu'on ſuit neceſſairement une des Opinions que j'ay refutée cy-devant.

Je ne voudrois pas pourtant nier, que ſi on mettoit deux Montres ſonnantes à l'Embouchoir de deux Trompettes, dont l'une fuſt d'une figure Hyperbolique, & l'autre irreguliere, le Son de la premiere ne ſe fit entendre plus loin que celuy de la ſeconde, à cauſe des réflexions que l'on pretend y être faites; mais ayant fait voir clairement que le Son de la Voix & des Anches s'y forme d'une autre maniere que celuy de ces Montres, il n'eſt pas beſoin que je m'étende davantage.

Lors que j'ay dit, qu'il n'y avoit que les Sons des Anches qui étoient groſſis dans les Trompettes parlantes, j'ay ajoûté que c'eſtoit, parce que ces Sons eſtoient produits par un pouſſement d'air total ou d'une grande maſſe d'air. Si donc il ſe trouvoit dans quelque occaſion un pouſſement d'air total, lequel fit Son, quoy qu'il n'y euſt point d'Anche, ce Son ne laiſſeroit pas d'eſtre groſſi dans les Trompettes; C'eſt ce qu'effectivement nous voyons arriver dans les Sons produits par les armes à feu; car ſi l'on tire un Piſtolet de poche dans une Trompette parlante, il rend un Son preſque auſſi violent que celuy d'un Canon.

On ſçait que nos Canons ordinaires produiſent ce grand Son, à cauſe que la poudre étant enflamée & raréfiée extrémement, elle chaſſe avec violence une quantité d'air conſiderable qu'elle condenſe, & cet air condenſé, tendant à ſe remettre dans ſon état naturel, ſe rarefie, mais plus qu'il ne faut, ce qui l'oblige à ſe condenſer derechef, & ainſi pluſieurs fois de ſuite, comme l'a tres-bien expliqué Monſieur Rohault dans ſa Phiſique.

On ne doit pas douter non plus, que la même choſe n'arrivaſt dans un Canon dont la cavité ſeroit en Cône, car la poudre s'y emflamant & s'y rarefiant, elle chaſſeroit l'air avec la meſme force que dans un Canon Cylindrique, comme il eſt aiſé de le déduire des propoſitions que j'ay avancées, à moins que la ſituation de la poudre, qui ne ſeroit pas la même ou quelqu'autre choſe, n'y apportaſt du changement. Cette Experience ne ſeroit point inutile, & ſi le Son eſtoit égal dans ces deux Canons, cela confirmeroit entierement ma penſée, & j'ay ſujet de croire que la choſe arriveroit comme je le dis, puiſque j'ay experimenté & que Monſieur Denis a publié dans ſes Memoires, qu'ayant tiré un Piſtolet dans une Trompette parlante, tous ceux qui l'entendirent ſans le voir, crûrent que c'eſtoit une piece de Canon que l'on venoit de tirer; on pouroit par ce moyen faire des Canons qui produiroient avec peu de poudre des Sons tres-grands, dans les occaſions ou l'on en a beſoin.

Quoy que les Sons des Trompettes de Guerre & ceux des Cors de Chaſſe, ſe faſſent par un pouſſement d'air total, ils ne ſont pas neantmoins groſſis dans les Trompettes parlantes, à cauſe que le Son y eſt formé avant que d'être à l'Embouchoir, & que ces Trompettes parlantes ſeroient une production inutile du Pavillon de ces Trompettes & de ces Cors de Chaſſe.

Pour ce qui eſt de la matiere, il n'importe quelle elle ſoit, contre ce qu'en a écrit Mr Caſſegrain, il y a ſeulement cette diference, que les Sons de celles qui ſeront faites d'une matiere plus molle, comme de carton & de bois, feront des Sons plus mols & moins éclatans, comme il arrive dans les tuyaux d'Orgues, leſquels étans de même grandeur font l'Uniſſon, quoique la matiere des uns soit de plomb ou d'étain, & celle des autres de fer ou de cuivre.

Au reste toutes les experiences que j'ay faites sur ces Trompettes ont toûjours confirmé mon sentiment. En voicy quelques-unes.

Les voix gresles & petites ne sont pas grossies considérablement dans les grandes Trompettes.

Les Siflemens, les Sons des Flageolets, des Montres sonnantes & de tous les autres Instrumens qui ne se servent point d'Anches n'y sont point grossis, on les entend seulement d'un peu plus loin.

On y parle ordinairement du Nez, ce qui montre tres-bien le lieu où se forme la voix ; on y pourroit remédier, en ajoûtant deux tuyaux proportionnez au corps de la Trompette qui aboutiroient au Nez, mais comme ce defaut n'est point considérable, il n'est pas besoin de tant de mistere.

On y prononce mieux les syllables, où se trouvent des A & des O, que celles dans lesquelles il se rencontre des I & des U. La raison en est facile, si on examine les differentes ouvertures de la bouche de celuy qui parle, & si on remarque qu'il pousse plus ou moins d'air une fois qu'une autre.

Pour déterminer maintenant la distance à laquelle on se doit faire entendre par le moyen de ces Trompettes, il n'est pas facile de le faire à cause de la difficulté des experiences.

Il faudroit connoistre précisément si la force du Son est d'autant plus grande, qu'il est fait par un battement d'air plus violent, & si ce battement d'air est d'autant plus violent, que l'on en frape une plus grande quantité en même tems.

Il seroit pareillement nécessaire que l'on sçeut, si un Son doit être quatre fois aussi fort qu'un autre, pour avoir sa Sphere sensible double, & supposé que les Sons suivent en cela les Proportions de la lumiere, comme il y a apparence, la grande ouverture des Trompettes devra être en raison double des distances ; c'est-à-dire, que si un homme se fait entendre à deux cent pas sans Trompette, il se fera entendre à deux mille avec une Trompette, dont la grande ouverture sera centuple de sa bouche, ou dont le Diamettre sera dix fois plus grand ; mais comme le Son diminuë à proportion qu'il s'éloigne du lieu où il a commencé, il ne suffit pas qu'il soit quatre fois plus fort en son commencement, pour faire une égale impression de deux fois aussi loin, & si cette diminution se fait en même proportion que l'espace s'augmente, il doit être six fois plus fort en son commencement pour être entendu aussi aisément d'une double distance.

Les experiences de toutes les Trompettes que l'on a faites jufques à
prefent fuivent à peu prés ce calcul, parce qu'il eft mal-aifé, comme on
fçait, de l'examiner dans une précifion fort exacte ; on ne les raporte
point avec les circonftances des lieux & des perfonnes, & on obmet plufieurs autres chofes crainte de groffir inutilement ce difcours. Il ne faut
pas s'étonner, fi nos Trompettes d'aujourd'huy font fort éloignées de
l'effet de celles d'Alexandre, par le moyen de laquelle, on dit qu'il fe
faifoit entendre à cinq lieuës, puis qu'on n'en a point encore fait qui
euffent cinq coudées ou nonante pouces de Diametre, & que l'on a toûjours crû que la bonté de ces Trompettes dépendoit de leur longueur.

Mais parce qu'il faut de la force pour pouffer l'air qui eft contenu
dans ces Trompettes, & qu'en augmentant leur grand Diametre, on eft
obligé en même tems de leur donner plus de longueur, comme j'ay
fait voir, il eft manifefte que les plus longues devant contenir une plus
grande quantité d'air, il fera plus difficile de l'ébranler, à caufe de la foibleffe des poumons, & c'eft ce qui me fait douter de l'effet de celle d'A-
lexandre, & ce qui me fait apréhender que l'on ne puiffe perfectionner
ces Inftrumens autant qu'il feroit à fouhaiter.

Je ne fçay, fi cette Trompette que j'ay imaginée ne pourroit pas rémé-
dier à cette foibleffe des poumons ; c'en font quatre jointes enfemble, lef-
quelles n'ont qu'un Pavillon commun, à l'imitation de celle de Monfieur
Gallois, mais en cela differente, qu'elles ont chacune leur Embouchoir,
en telle forte que quatre perfonnes peuvent parler dedans en même
tems, il y a feulement a apréhender que l'articulation ne s'y faffe
pas également, & que les paroles n'y foient confonduës ; L'experience n'en
feroit pas neantmoins défagréable, & elle mérite bien la peine d'être
faite.

On pourroit auffi en faire une autre, avec laquelle un homme auroit
plufieurs voix, s'il parloit dans plufieurs Trompettes qui n'euffent qu'un
même Embouchoir, & fi le changement de longueur & de largeur dans
ces Trompettes donne un autre ton de voix, il eft vifible qu'ayant
differentes longueurs & differentes largeurs, un homme pourroit faire
luy feul une efpece de Concert, en parlant dans une Trompette de
cette façon, ce qui ne feroit pas défagréable à entendre, particulierement dans les lieux où il y a plufieurs Ecôs.

On ne peut point nier, que cela n'arrivaft dans nos Trompettes ordinaires & dans nos Cors de chaffe, s'ils fe divifoient à une certaine diftance de l'Embouchoir, & qu'ils euffent deux Pavillons, comme j'ay dit ;

car on fçait que ce n'eft pas l'air qui fort des poumons, qui produit le Son que l'on entend, mais celuy qui eft contenu dans ces Inftrumens, & qui eft pouffé par celuy qui fort de nôtre corps, & ayant prouvé qu'il pouffe-roit avec la même force celuy qui feroit dans l'un & dans l'autre Pavillon, il s'enfuit que l'on doit entendre deux Sons differens, lefquels auront differens Tons, les Pavillons étans inégaux en longueur & largeur, fi quelque chofe imprévuë n'y apporte du changement.

Enfin, toutes ces expériences fe peuvent faire avec les Canons & autres armes à feu, & avec toutes fortes de tuyaux à Anches, puis qu'elles font fondées fur le même principe; je propofe feulement celles-cy à faire à ceux qui en ont les moyens; j'en ay quelques autres dans l'efprit, qui pourroient fervir à l'éclairciffement de la Nature du Son, & même à la perfection de l'Oüie, & à des Découvertes tres-utiles: mais n'ayant à prefent ny le tems ny les moyens de les executer, je les paffe fous filence.

VEU L'APPROBATION.

Permis d'Imprimer. Fait ce dernier Juillet. 1673.

DE LA REYNIE.